Lib 4º 2742

PROCÈS-VERBAL

DE L'OUVERTURE

DES SÉANCES

DE LA SOCIÉTÉ

DES AMIS DE LA CONSTITUTION

ÉTABLIE AUX RICEYS,

DISTRICT DE BAR-SUR-SEINE,

DÉPARTEMENT DE L'AUBE.

A DIJON,

DE L'IMPRIMERIE DE P. CAUSSE.

M. DCC XCI.

PROCÈS-VERBAL

DE L'OUVERTURE

Des séances de la société des amis de la constitution, établie aux Riceys, district de Bar-sur-Seine, département de l'Aube.

CE JOURD'HUI 29 avril 1791 de l'ère chrétienne, et la seconde de la restauration de la liberté française, nous citoyens des Riceys dénommés ci-après.
Nicolas-J. Bap. Regley, *homme de loi.* Pierre-Edme Monet, *bourgeois.* Nicolas Milet-Gauthier, *bourgeois.* Jacques Monet, *négociant.* Nicolas Guenin, *négociant.* Nicolas Monet, *négociant.* Simon Chamerois, *négociant.* Jean-B.-Vincent Mathelin, *notaire.* Nicolas-Joseph-Edme-Martin Milet. Jean-B. Gauthier Guenin, *négociant.* Claude Guenin, *négociant.* Isidore Monet. Nicolas Gougeot. Jean-B.

Vendeuvre. Louis-Pierre Marion. Nic. François Charlot.

Disons que nous ne pouvons mieux signaler notre patriotisme, dans un temps où la constitution nous prodigue les bienfaits les plus marqués, et nous fait goûter le charme jusqu'alors inconnu de la liberté, qu'en formant entre nous une société qui consacrera les plus précieux momens de sa vie, à suivre, seconder et maintenir de tous ses efforts l'immortel travail de nos Représentans à l'Assemblée nationale; et c'est dans cette ferme résolution que nous nous sommes réunis sous le titre D'AMIS DE LA CONSTITUTION : en conséquence, nous avons élu, à la pluralité absolue et par la voie du scrutin :

Pour président, Nicolas Jean-Baptiste Regley.

Pour vice-président, Pierre - Edme Monet.

Pour secrétaires, Nicolas-F. Charlot, Joseph-Edme-Martin Milet.

Pour trésorier, Jacques Monet.

Lesquelles places ayant été acceptées

par eux, les articles suivans ont été délibérés et arrêtés :

1°. Que le président de la société et les sieurs Milet, Monet et Jacques Monet se retireront pardevers la municipalité, pour la prévenir de son établissement, y déposer copie du présent procès-verbal, lui en demander acte, et lui indiquer que les séances se tiendront provisoirement en la maison de M. Parisot, à Ricey-Hauterive, jusqu'à ce que la société se soit pourvue d'un autre local.

2°. Qu'il en sera donné également avis aux sociétés patriotiques du département, et à celle dite des Jacobins à Paris, en les priant de vouloir bien nous admettre à leurs correspondances et nous affilier avec elles, ainsi qu'à tous les journalistes patriotes, qui seront invités de le rendre public par la voie de leurs feuilles périodiques.

3°. Que nos réglemens et statuts seront rendus publics par la voie de l'impression, afin de faire connoître à nos concitoyens, que le seul but de notre société est de coopérer de tout notre pouvoir au maintien de la constitution, et de les prévenir contre les insidieuses manœuvres de ses détracteurs.

4°. Que le président sera chargé d'écrire aux directoires du département de l'Aube et du district de Bar-sur-Seine, pour leur faire part de cette institution faite à l'instar de toutes les sociétés patriotiques du royaume.

EXTRAIT

Du procès-verbal de la séance du 2 mai 1791.

La société assemblée, M. le président et le sieur Milet ont remis l'acte du dépôt qu'ils ont fait à la municipalité du procès-verbal de la premiere séance de la société ; on en a demandé la lecture, et il a été arrêté qu'il seroit transcrit sur le registre à la suite de la séance. M. le président a ensuite prononcé un discours au sujet de l'établissement de la société, dans lequel il a exprimé les sentimens du plus pur patriotisme, et fait le serment d'être fidele à la nation, à la loi et au Roi ; de maintenir de tout son pouvoir la constitution décrétée par l'Assemblée nationale et acceptée par le Roi. L'assemblée a arrêté que le discours de son président seroit porté sur son registre à la fin de la séance ; après quoi tous les membres de la société ont prêté, entre les mains du président, le même serment que ci-dessus, avec l'amendement de défendre de leur vie et de leur fortune, tous ceux qui auroient le courage de dénoncer les malveillans. La société a ensuite arrêté ses statuts ainsi qu'il suit.

ARTICLE PREMIER.

La société sera divisée en deux classes : l'une, de résidans domiciliés aux Riceys, ou à peu de distance ; l'autre, de correspondans qui seront pris dans toute l'étendue du district et des environs.

I I.

Il y aura un président, un vice-président, deux secrétaires et un trésorier; ils pourront être choisis parmi les correspondans qui consentiront à se rendre habituellement aux séances pendant la durée de leurs fonctions.

I I I.

Le président, le vice-président et les secrétaires seront élus pour un mois seulement, et ne pourront être réélus qu'après un mois d'intervalle; et le trésorier sera élu pour trois mois, et ne pourra être réélu également qu'après trois mois d'intervalle.

I V.

Il y aura un registre coté et paraphé par le président, pour toutes les délibérations et actes de la société, et un autre pour la recette et la dépense, qui sera également coté et paraphé.

V.

Les correspondans auront voix délibérative dans toutes les assemblées de la société, et dans toutes les affaires relatives à la société ; quand il y en aura d'importantes à traiter, ils seront convoqués par lettres circulaires.

V I.

Il y aura une correspondance respective entre les résidans et les correspondans, et ces derniers seront tenus d'instruire la société de tout ce qui se passera dans leurs cantons, relativement à l'observation des décrets de l'Assemblée nationale, et des vexations que pourroient éprouver les habitans des campagnes de la part de quelques corps et de quelques personnes que ce soit.

VII.

Tous ceux qui voudront se faire recevoir, soit en qualité de résidans, soit en qualité de correspondans, se feront présenter par deux membres de la société pris indistinctement dans l'une ou l'autre classe ; la présentation des postulans correspondans pourra se faire par lettre, et par conséquent sans déplacement de leur part ni des membres correspondans qui les présenteront ; leur nom sera affiché dans la salle de ladite société, et ils ne pourront être reçus que huit jours après cette présentation, par la voie du scrutin et à la majorité des suffrages.

VIII.

Chacun des récipiendaires prêtera le serment entre les mains du président, d'être fidele à la Nation, à la Loi et au Roi, de maintenir de tout son pouvoir la constitution décrétée par l'Assemblée nationale et acceptée par le Roi, de défendre de sa vie et de sa fortune tous ceux qui auront le courage de dénoncer les malveillans, ainsi que d'observer religieusement tous les statuts et réglemens de la société; ensuite de quoi il lui sera délivré un brevet de réception, scellé du sceau ordinaire de la société. Les récipiendaires correspondans pourront envoyer à la société leur serment par écrit, à charge par eux de le renouveller de vive voix dans la premiere séance à laquelle ils assisteront.

IX.

Dans le cas où, après les dépenses nécessaires à la société, et dont il sera compté tous les trois mois, il resteroit quelques fonds en caisse, ils seront employés en œuvres de charité et de bienfaisance, sans que, sous aucun prétexte, on puisse les faire servir à des fêtes, bals ou repas; la société se réservant de faire rendre compte à son trésorier toutes les fois qu'elle le désirera.

X.

Il y aura deux séances par semaine : l'une, particuliere pour la société, qui se tiendra tous les mercredis de chaque semaine, depuis trois heures en été et deux heures en hiver; l'autre, le dimanche, laquelle sera publique, qui se tiendra à quatre heures après midi, et où tous les membres seront plus particulierement invités à se trouver. Chacun d'eux aura le droit de faire toutes les motions qu'il jugera à propos pour le plus grand bien du peuple et le maintien de la constitution, ainsi que de rendre compte de tous les abus qui viendront à sa connoissance; on pourra ensuite lire les papiers publics.

X I.

La société seule pourra indiquer des séances extraordinaires lorsqu'elle le jugera nécessaire; néanmoins, et dans le cas seulement d'affaires imprévues et qui exigeroient célérité, le président pourra de son autorité faire convoquer extraordinairement la société.

XII.

Le président ou le vice-président, et en leur absence, le plus ancien d'âge sera chargé de la police de l'assemblée, qui sera réputée complette et réguliere toutes les fois qu'il s'y trouvera au-delà de la majorité des membres résidans.

XIII.

Les secrétaires seront chargés d'enregistrer tous les arrêtés et délibérations, d'expédier les brevets de réception, passeports, etc. et toutes les affaires relatives à la correspondance ; les lettres écrites et les réponses faites au nom de la société, lui seront communiquées avant leur envoi.

XIV.

On fera imprimer, aux frais et au nom de la société, tout ce qui méritera d'être rendu public d'après la majorité des suffrages, et on fera faire incessamment un sceau qui portera la devise de la société : *Vivre libre ou mourir*, avec la légende, *Société des amis de la constitution, établie aux Riceys, le 29 avril 1791.*

Signé, REGLEY, président; CHARLOT et MILET, secrétaires.

Nota. La société ne recevra aucun paquet qui ne soit affranchi, à l'exception des lettres seules; elle affranchira pareillement tous ceux qu'elle pourroit envoyer.

FIN.